REFLEXIONS

SUR LE

STATU QUO PROVISOIRE

DE LA

QUESTION DES SUCRES,

ACCOMPAGNÉES D'UNE

PROPOSITION

POUR RÉSOUDRE CETTE QUESTION D'UNE MANIÈRE SATISFAISANTE
POUR TOUTES LES PARTIES QUI S'Y TROUVENT INTÉRESSÉES.

Rédigées par

X. - Y. - Z.

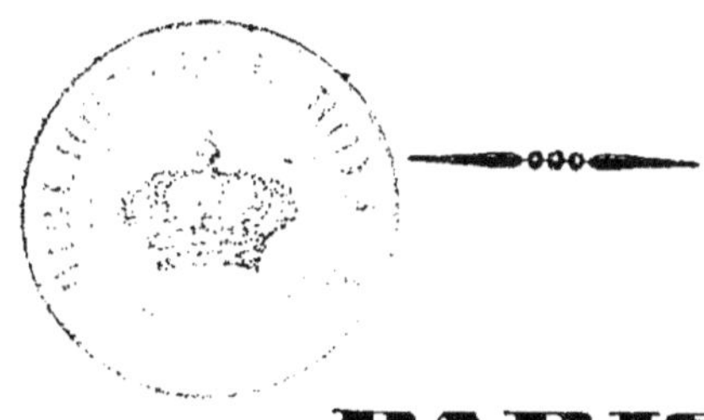

PARIS,

GARNIER FRÈRES, LIBRAIRE-ÉDITEUR,

PLACE DE LA BOURSE, 11, ET PALAIS-ROYAL, GAL. D'ORLÉANS;

ET CHEZ TOUS LES LIBRAIRES.

1842

IMPRIMERIE DE WORMS,
BOULEVART PIGALE, 46.

AVANT-PROPOS.

L'auteur de cette brochure , négociant, a vécu très longtemps en Allemagne, en Angleterre et habite depuis dix ans la France qu'il a élue pour sa patrie.

Il y a suivi avec beaucoup d'attention et d'impartialité les événements politiques, commerciaux et industriels, et il a trouvé que, nonobstant l'abolition des corporations depuis cinquante ans, *l'esprit de corps* s'y est conservé beaucoup plus qu'on ne devait le présumer de la part d'une nation aussi éclairée que civilisée.

Sans avoir la prétention de corriger le monde, et l'acceptant tel qu'il est, l'auteur combattra toujours les préjugés et l'égoïsme, aussitôt qu'ils attaquent le bien-être de la société.

Complétement étranger aux deux parties intéressées dans la question des sucres, l'auteur n'émet ici que son opinion personnelle. Il a tâché de conserver son impartialité et de porter ses vues sur un autre point que celui des différens systèmes d'amélioration qu'on a proposés dans les assemblées des conseils généraux et supérieurs.

Sa proposition, ayant pour base un dégrèvement d'environ quinze francs les cent kilog. et la conservation des deux sucres, en augmentant le mouvement de la marine marchande, par l'importation des sucres étrangers , pourrait être modifiée selon l'examen auquel on la soumettra.

L'auteur croit que la situation des finances permettra, l'année prochaine, au fisc, de renoncer à obtenir un surplus sur les droits du sucre; il restera, d'après le tableau qu'on verra plus loin, encore environ 10 millions, soit pour augmenter le chiffre du dégrèvement, soit pour élever les primes d'exportation , soit enfin pour adopter un chiffre de consommation moins fort que celui qui vient d'être établi.

L'auteur, tout en jugeant de son devoir d'ajouter textuellement les raisons qu'on a fait valoir contre le dégrèvement, dans les discussions des conseils généraux, afin qu'on puisse examiner avec impartialité le pour et le contre de son système, voulait seulement prouver qu'on pourrait arriver, avec des idées empruntées de notre époque, qu'il faudra adopter tôt ou tard, aussi loin qu'avec celles qui sont encore arriérées, et par cela même, funestes à la liberté individuelle et du commerce.

Sachant très-bien que les principes et les doctrines adoptés dans un pays ne sont pas toujours applicables pour être introduits dans un autre, il est loin de vouloir citer ceux des Anglais pour être acceptés sans restrictions en France ; mais ils doivent toujours servir pour nous éclairer et être imités dans ce qu'ls ont d'applicable.

Les économistes français ne développant souvent que des doctrines trop libérales et exagérées , on s'est accoutumé à ne pas les écouter et à ne pas suivre leurs conseils.

Les économistes anglais s'expriment avec beaucoup plus de modération : leurs thèses ne sont pas perdues , et elles forment ordinairement les germes des améliorations adoptées par le gouvernement.

Les changemens des tarifs proposés actuellement ont été préparés depuis longtemps par les doctrines des économistes anglais. Ils ont prouvé depuis vingt ans que, de quinze cents articles qui se trouvent dans la nomenclature de leurs tarifs, il n'en est guère que deux cents qui produisent à l'état la majeure partie de l'impôt et que le revenu de tous les autres est très insignifiant; qu'ils ne servent même qu'à embrouiller le système de recette et d'être vexant pour le public.

La justesse de ces observations se faisait jour : alors on a commencé à restreindre le système prohibitif, de former les articles imposables en trois classes et d'en réduire les droits d'entrée. Comme on n'a pas trouvé ces réductions suffisantes, on a développé plus clairement le système que nous répétons textuellement.

. . . . Les économistes politiques de l'Angleterre, Hume et Mac Grégor, s'expriment ainsi : adoucissez votre tarif, et vos recettes s'élèveront rapidement. Si la bonne qualité des vins de France ne revenait en Angleterre qu'à 1 schiling ou 2 la bouteille, il est évident que la consommation triplerait. . . . .

. . . . Il est temps enfin que les industriels ignorans et égoïstes cessent d'imposer leur vouloir à des hommes d'état éclairés, qui n'envisagent que l'intérêt des masses ; il est temps enfin qu'ils comprennent que, si l'abolition radicale du système protecteur a pour effet de favoriser la production étrangère, elle assure aussi à chacun d'eux les matières premières exemptes de droits, et leur permet de se procurer tous les produits, en dehors de leur spécialité, à meilleur marché que lorsqu'ils étaient frappés de prohibition, ou sous le coup de droits protecteurs, compensation bien suffisante de la plus grande sollicitude que la concurrence les forcera d'apporter dans tous les travaux. Si le gouvernement adoptait une telle mesure, il ne faudrait point que sa mise en pratique fût soumise aux lenteurs ordinaires des négociations diplomatiques avec les autres puissances, afin d'obtenir pour nos produits la même faveur que nous sommes disposés à accorder aux leurs. Ce système de réciprocité est favorable, sans doute; mais, comme en définitive, nous avons un avantage réel à importer certains articles à meilleur marché que par le passé, hâtons-nous de profiter de ce premier avantage, les autres se réaliseront plus tard. Attendre l'acquiescement des autres gouvernemens à notre système de liberté commerciale, ce serait ajourner indéfiniment le progrès. . . . . .

. . . . Adoptons donc une politique plus libérale, puisque les doctrines de l'égoïsme nous ont été si préjudiciables. Ouvrons nos ports à tous les produits étrangers; soyons les premiers à consacrer le grand principe de la liberté des échanges; prouvons au monde entier que les relations internationales ne seront désormais établies sur des bases durables, que lorsque tous les états seront admis à échanger librement entre eux les produits qu'ils obtiennent avec le plus d'avantages. . . . .

La proposition nouvellement faite par le ministère anglais a mis ces thèses en activité avec des restrictions que la situation exige, et avec des modifications qu'il trouve nécessaire de faire dissoudre par voie diplomatique, et l'auteur de la brochure désire seulement que cet exemple et ces doctrines ne soient pas tout-à-fait perdues pour nous.

Nous avons blâmé dans notre brochure, les moyens qu'on emploie pour forcer chez nous le gouvernement à faire des changemens dans l'administration des droits, aussitôt qu'une partie d'industrie paraît commencer à souffrir, fût-ce même passagèrement; la manière dont on s'oppose à des améliorations par lesquelles on craint de toucher aux intérêts personnels, et comme on tâche d'arriver à son but par des influences et par la presse périodique, qui ne s'occupe que superficiellement de ces matières, pour entretenir ses lecteurs, sans y entrer avec quelque profondeur. Nous avons vu, dans d'autres pays, donner suite à des réclamations semblables en nommant, de la part du gouvernement, des commissaires impartiaux et compétens qui se rendent aux place et lieux des réclamants pour examiner la situation et en référer à l'administration. Cette manière d'agir a obtenu beaucoup plus de succès que les éclaircissemens qu'on reçoit par les délégués qui se dirigent sur la capitale et desquels les renseignemens obtenus sont toujours plus ou moins partiaux.

L'auteur n'a pas l'ambition de réformer, par son écrit, ce qui existe, ni de briller comme écrivain : il prie même ses lecteurs d'excuser le style de sa brochure qui n'est peut-être pas parfaitement écrite en français ; sa qualité d'étranger lui fait un titre à leur indulgence. Il n'a que le désir d'être utile au pays qu'il a choisi pour le sien , en recommandant aux intéressés la thèse : *Examinez tous les systèmes et adoptez le meilleur.*

Réflexions

SUR LE

STATU QUO PROVISOIRE

DE LA

QUESTION DES SUCRES.

La question des sucres qui touchait à sa dissolution, et qui paraissait s'éteindre par la décision prise dernièrement dans le conseil du ministère, se rallume de nouveau par le mécontentement de toutes les parties qui s'y trouvent intéressées. Cette question renferme en elle-même une importance beaucoup moins grande que celle qu'on lui attribue généralement. Les intérêts personnels engagés dans cette affaire, voire même les intérêts qui y sont les plus opposés, ont donné à cette question un intérêt politique qui est plus grand qu'elle ne le mérite réellement, et qu'elle vient d'acquérir momentanément par les précautions du cabinet qui désire ménager les opinions en retardant la conclusion désirée de toutes les parties. La presse s'est emparée depuis longtemps de ce sujet, comme matière propre à entretenir le public, et en a formé une question d'état, qui n'est pourtant, à vrai dire, qu'une question commerciale et industrielle de premier ordre, et qu'on regarderait ainsi, si les assemblées des conseils-généraux de l'agriculture, des manufactures et du commerce, et le conseil supérieur du commerce, ainsi que les débats de la presse, n'avaient pas éveillé l'attention de toute la France sur le problème à résoudre.

Il est vrai, disons-le, que les intérêts agricoles, industriels, coloniaux, maritimes et financiers, se trouvent engagés dans la réforme qu'on veut effectuer sur les lois tendant à percevoir les droits sur le sucre, mais ne voyons-nous pas très souvent le même cas se reproduire plus ou moins, pour toute autre denrée coloniale, comme le coton, l'indigo, etc., sans qu'il éveille l'intérêt public, comme le sujet dont nous nous occupons dans ces lignes.

Les enquêtes commerciales que nous avons empruntées aux Anglais en 1838, ne trouvent pas chez nous le même succès que de l'autre côté du détroit ; elles ne sont guère qu'une formalité préliminaire et préalable avant toute résolution. Le système est bon en lui-même, et voici comment s'exprime à ce sujet M. Blanqui aîné : « L'enquête ordonnée avait pour but avoué le renversement définitif des prohibitions. Toutes les chambres du commerce ont été consultées, on a entendu toutes les industries intéressées, mais elles ont prononcé devant le tribunal, les unes, d'interminables plaidoyers, les autres, leur oraison funèbre. Là, se sont ouverts tous les mystères de cette langueur industrielle, fille du système protecteur, et ces misérables ingrédiens de serre-chaude qui procuraient à plusieurs de nos fabriques une existence factice et une physionomie étiolée.

Les cris ont été à-peu-près unanimes, tout le monde a blâmé le monopole de son voisin et soutenu la nécessité du sien propre. La prohibition a fait son devoir, c'est maintenant à l'administration à faire le sien. Une enquête ainsi conduite, bien qu'en apparence, les résultats et les plaidoiries en soient contraires à la liberté, doit être considérée comme un grand pas dans la carrière libérale. Il est bon que des intérêts privés soient produits au grand jour ; on peut désormais apprécier en quoi la protection abusive qu'on leur accorde nuit à la prospérité générale. »

Un esprit d'indépendance et d'impartialité que jusqu'à ce jour cette institution n'a point obtenu en France, caractérise, en général, chez les Anglais, les enquêtes commerciales que le Parlement ordonne d'habitude. Les premières enquêtes dans notre pays furent d'une partialité qui en rendit les résultats presque inutiles ; mais les commissions organisées aujourd'hui en obtiendront *peut-être* de meilleures.

Les enquêtes parlementaires, c'est-à-dire ordonnées par le corps législatif, et capables d'éclairer les questions débattues à la tribune, ne sont pas encore naturalisées en France. C'est pour l'administration une conquête à faire, elle y gagnerait autant que les Chambres.

M. Joseph Garnier, qui appuie l'opinion des Chambres du commerce dans l'adresse de 1834, développe plus amplement ses raisons et ajoute encore :

« Telles qu'on les fait aujourd'hui, les enquêtes ne peuvent être que vaines et stériles, elles ne peuvent avoir d'autre effet que d'entasser sans ordre, sans liaison, sans vie morale, des faits épars, exceptionnels quelquefois et presque toujours hostiles, en sorte que loin de mettre les faits en lumière, elles semblent encore les obscurcir davantage, aujourd'hui surtout que le privilége a la possession du terrain, l'oreille du pouvoir et l'appui des capitalistes. Une pareille lutte est inégale, le privilége a pour lui la fortune, le travail et la liberté n'ont pour eux que la justice. »

Le gouvernement désire sans doute le bien-être de toutes les classes, et voici l'opinion que développait en 1834, en ordonnant une enquête, M. Duchâtel, alors ministre du commerce : « La meilleure manière de constater les faits est de procéder par voie d'enquête ; or, les faits en matière commerciale sont la base de toute détermination sage et prudente pour faire affaiblir les préventions erronées et faire triompher des préjugés qui, pour se décorer du nom de pratique, ne sont pas moins souvent en opposition avec une connaissance exacte de cause. »

Quand on fit alors les enquêtes sur les questions des sucres, des fers, de le houille, des verreries, des poteries, du plaqué, de prohibitions de coton et des laines, on ne répondit que par des phrases interminables ; et l'on finit, selon l'expression de M. Garnier, en étudiant les raisons de tout le monde, par tirer profit de la mauvaise foi des uns, de l'ignorance des autres, et surtout de la sincérité et de l'ignorance d'un très petit nombre. (Idées des économies françaises.)

Les délégués de l'industrie générale, nous l'espérons, comprendront mieux cette fois leur mission sacrée, et jugeront plus impartialement pour le bien-être de tous les questions dont il s'agit ; mais pouvons-nous penser en réalité que les parties se montreront modérées dans leurs réclamations, quand sur la question des bestiaux, nous voyons figurer des thèses erronées, et ce, sous la présidence de M. Puvis. Toute l'industrie manufacturière de la France, prétend-on, ne représente qu'un capital de quelques cents millions, un dixième de la population l'exerce, mais le sol représente un capital d'une valeur de 60,000,000,000 fr.; l'agriculture occupe 25 millions d'individus, et nourrit ceux qui l'attaquent aussi bien que ceux qui prennent sa défense, elle fournit en outre aux manufactures les trois quarts des matières premières.

A ces argumens, nous répondrons : Parce que vous êtes riches, et que les 3 p. 0[0 que vous rapportent vos capitaux, vous suffisant, vous voulez de la protection et de la préférence, vous réclamez un système prohibitif pour rester dans l'inertie et ne pas faire valoir par vos immenses capitaux, les moyens qui vous seraient le plus utiles, c'est-à-dire agrandir vos revenus par l'activité et par l'addition d'entreprises industrielles à vos opulens domaines. Honneur de plus aux industriels dont les petits capitaux rapportent, suivant le nom que vous leur donnez, 15 ou 20 p. 0[0, tandis que votre inhabileté ne peut tirer des vôtres que 3 p. 0[0 au plus. Quelque minimes qu'ils soient, les capitaux industriels sont utiles au pays, à la prospérité générale, à vous-mêmes. Vous prétendez nourrir vos adversaire et vos défenseurs, mais avant tout, vous avez le soin de bien vous engraisser, et vous échangez votre superflu contre les produits de l'industrie dont vous ne pourriez vous priver.

Le commerce n'est pas beaucoup plus modeste dans ses prétentions, et bien que nous n'ayons pas sous les yeux le texte des adresses des Chambres de commerce, nous en connaissons à-peu-près l'ordinaire rédaction passée, présente et future. Les expressions de la Chambre du commerce de Bordeaux, à l'occasion de l'enquête de 1834, portent l'empreinte de la véhémence méridionale, elles ne seront pas beaucoup plus douces actuellement. Bordeaux, le Hâvre et d'autres ports de mer demandent sans délai des concessions utiles à la prospérité générale, et si nous ne nous trompons fort, elles regardent leurs demandes comme accueillies.

Les demandeurs, il est vrai, sont de forts capitalistes, leurs liaisons intimes avec les maisons de Paris leur font espérer une influence invincible, et ils croient d'autant mieux réussir que ce qu'ils réclament leur paraît juste, c'est le dédommagement de leurs adversaires, *aux frais de l'État*, bien entendu.

Mais, examinons un peu si les argumens développés par les négocians armateurs méritent réellement une si grande confiance ; nous ne contestons pas leur utilité pour le trafic général des affaires, et nous les regardons comme des points intermédiaires pour l'encaissement des immenses revenus du fisc dans les contributions indirectes, dites *douanes*. Ils livrent, il est vrai, au public, des richesses et des matières premières, tirées de l'étranger, mais l'intérêt qui les guide n'est point celui du pays, et l'on ne leur doit pas plus de remerciement que l'on en doit à la porte d'un appartement dont elle ne fait pas le *confortable*, mais de l'ouverture de laquelle on ne peut se passer.

Quoique prélevés presque par les ports de mer, les revenus du fisc sont en majeure partie payés par les consommateurs, et le mérite d'avoir donné lieu de les fournir en est un très minime. En général, la commerce des ports de la France, serait beaucoup plus restreint, si les capitalistes parisiens ne leur venaient en aide.

Où sont en France les grandes entreprises commerciales, les monumens grandioses effectués sous les auspices des commerçans ou par l'inspiration d'un seul, comme on en trouve en Angleterre, en Hollande et jadis à Venise? Il n'y a rien de ce genre, et bien plus on a négligé de créer des institutions d'une très grande utilité pour faciliter le commerce, et les administrations élevées ne sont point en France si sourdes à l'intérêt public, qu'on ne les eût accordées, si on en avait fait la demande.

Citons pour exemple le malheureux système d'agiotage qui, il y a trois ans, a renversé le projet presque accompli du chemin de fer de Paris au Hâvre ; le manque d'unité entre cette dernière ville et son administration, au sujet de son agrandissement, question dont la solution n'est pas encore réalisée. A cette occasion comme en bien d'autres, l'esprit d'égoïsme s'est développé, l'on n'est point venu en aide à quelques maisons de banque chancelantes, à celui d'une maison renommée de Bordeaux qui l'aurait cependant bien mérité pour les grandes entreprises auxquelles elle s'était livrée avec un noble désintéressement (Rédigé par l'auteur, en décembre 1841.)

Il est vrai encore qu'il se trouve rarement engagé dans des questions pareilles un conflit d'intérêts opposés, comme dans celle du sucre, et encore moins des adversaires si puissans qui n'ont en vue que leurs propres intérêts sans avoir égard à l'intérêt général du pays, comme nous le voyons dans le combat acharné qui se livre en ce moment.

Les partis ont chacun fait valoir leurs droits, d'une voix tellement haute, qu'on était porté à croire, selon eux, que ceux-là auraient raison qui crieraient le plus fort, et les ports de mer ont adopté plus que qui que ce soit ce moyen si burlesque, qu'ils ne manquent jamais de le mettre en usage aussitôt qu'ils croient que leurs intérêts se trouvent compromis.

Les opposés qui se trouvaient depuis très longtemps en désaccord, se sont réunis en partie sur un seul fait, au point que les vaincus se trouvent placés comme vainqueurs, en

acceptant les conditions des vainqueurs généreux qui voulaient les indemniser des coffres-forts de l'état, sans sacrifices personnels , car la partie succombant paraissait avoir
choisi pour épigraphe : *Tout est perdu, fors... l'argent.*

Nous ne pensons pourtant pas que ceux qui dirigent le
timon de l'état aient ainsi envisagé la question, et nous
croyons qu'ils ont été loin de proposer de cette manière la
dissolution, quoiqu'ait pu dire et penser le public.

On a regardé depuis quelque temps cette affaire comme
entièrement jugée d'avance, et l'on s'est accoutumé à croire
presque généralement que la betterave serait condamnée ;
l'on a passé sur ce jugement avec toute la légèreté qui nous
caractérise, nous Français, plus que les autres nations. Un
fait passé est chez nous une matière sur laquelle il ne vaut
pas la peine de revenir : d'où cela vient-il ? peut-être de
notre profond respect pour les lois, d'après lesquelles un
jugement, bien ou mal rendu, est pour nous un objet sacré.
Peut-être aussi de l'ennui que nous éprouvons à revenir sur
un fait accompli, qui ne nous offre qu'un intérêt secondaire,
lorsque surtout nous avons sous les yeux de nouveaux ob-
jets qui excitent notre attention.

Nous ne voulons nullement nous imposer la tâche de
revenir sur les différentes discussions qui sont suffisamment
connues, et qui ont contribué à éclairer la question, mais
nous applaudissons du reste les délégués du gouvernement,
les seuls qui soient restés neutres dans ce conflit d'idées et
de propositions faites par le parti opposant.

Nous avons sous les yeux quelques documens touchant à
la session des conseils-généraux et supérieurs de 1841, et
le résumé qu'on en a tiré dans le ministère du commerce
avec une impartialité et une connaissance de cause dignes

des plus grands éloges, et, si ces pièces étaient plus connues du public et des feuilles périodiques, on s'empresserait de reconnaître, avec nous, combien il serait difficile de peser avec justice les raisons pour et contre des systèmes développés avec tant d'artifice, et sous une apparence de vérité, quoiqu'elle ne fût souvent dictée que par l'égoïsme personnel le plus pur (1).

Le résumé des discussions des conseils généraux, rédigé au département du ministre du commerce, et distribué aux personnes qui sont chargées d'éclairer la question des sucres, est suffisamment connu de MM. les députés. Mais comme le public ne connaît pas assez exactement le contenu de ce grand travail; nous allons seulement reproduire le titre des matières pour prouver l'impartialité de ce résumé, et en extraire quelques paragraphes, quand notre sujet le réclamera.

On a composé le résumé en quatre parties distinctes.

La première partie contient les discussions des intérêts engagés dans la question.

§ I. INTÉRÊTS AGRICOLES.

Art. 1 à 4. — Considérations contraires aux exploitations des sucres indigène .

Art. 5 à 13. — Considérations en faveur des exploitations des sucres indigènes.

Art. 14 à 19. — Parallèle des deux productions sucrières.

§ II. INTÉRÊTS INDUSTRIELS.

Art. 20 à 27. — Raison en faveur des fabriques.

Art. 28 à 29. — Raison contraires aux fabriques.

§ III. INTÉRÊT COLONIAL.

Art. 30 à 34. — Avis contraire à cet intérêt.

Art. 35 à 44. — Avis favorables à l'intérêt colonial.

§ IV. INTÉRÊT MARITIME.

Art. 46 à 49. — Objections.

Art. 50 à 56. — Réponses et objections.

La seconde partie contient les différens systèmes qui ont été proposés.

(1) Écrit au milieu de mars 1842.

Ier. SYSTÈME.

Maintien des *status quo* relatifs à la sur-taxe et au rendement.
Art. 57. — Considération en faveur de l'impôt.
Art. 62. — Réponses de la sucrerie indigène.
Art. 68. — Modifications relatives à la surtaxe et au rendement.

IIe SYSTÈME.

Nivellement des conditions faites aux deux sucres.
Art. 83 à 88. — Nivellement par dégrèvement sur le sucre colonial.
Art. 89. — Nivellement par dégrèvement du sucre colonial, et aggravation simultanée du sucre indigène.
Art. 90 à 92. — Nivellement par aggravation des charges sur le sucre indigène.

IIIe SYSTÈME.

Art. 95 à 98. — Limitation de la production indigène.
Art. 99 à 100. — Objections au système de limitation.
Art. 101 à 104. — Autres objections.

IVe SYSTÈME.

MODIFICATION AU RÉGIME COLONIAL.

Art. 105. — 1re Proposition. — Changement de culture aux colonies.
Art. 106. — 2e Proposition. — Modification au tarif.
Art. 107 à 108. — 3e Proposition. Emancipation complète des colonies.
Art. 109 à 112. — Motifs contraires à la suppression.
Art. 113 à 114. — Considération en faveur de la suppression,

Ve SYSTÈME.

QUESTION D'INDEMNITÉ.

Art. 115 à 118. — Motifs opposés à l'indemnité.
Art. 119 à 121. — Motifs en faveur de l'indemnité.

La quatrième partie donne le résultat et les votes des conseils généraux, et pose les questions à résoudre pour les conseils supérieurs.

Après avoir fait mention que deux circonstances importantes ont changé de vue l'objet en question :

1º Par la hausse de prix, au Hâvre, de 52 à 59 fr.;

2º Que la presque universalité des usines réclament du gouvernement, de préférence à toute modification du *Statu quo*, le rachat de leur industrie pour cause d'utilité publique.

Ensuite on a placé les questions, savoir :

1º S'il y a lieu de s'en tenir à la législation actuelle, selon l'avis des conseils généraux de l'agriculture et des manufactures, sauf à augmenter de 10 francs la surtaxe du sucre étranger, comme le conseil d'agriculture l'a demandé;

2º S'il convient de changer la législation et de prononcer la légalisation immédiate des droits sur les deux sucres, sans indemnité, comme le propose le conseil général du commerce;

3º Si, n'acceptant de ce dernier avis que la pensée d'égaliser l'impôt sans accorder d'indemnité, il y a lieu d'y arriver par une augmentation progressive des droits sur le sucre indigène, en prenant d'ailleurs tous les moyens de recouvrement qui seraient nécessaires;

4º S'il y a réellement impossibilité de donner satisfaction aux intérêts compromis (ceux des colonies, de la marine et du trésor), sans aggraver la position du sucre indigène; et, par suite, s'il convient ou non de prononcer la suppression de celui-ci avec indemnité, comme il le demande.

5º Dans toutes les hypothèses, quelles modifications il y aurait à introduire dans la quotité de la surtaxe et du rendement.

Des thèses pareilles sont extrêmement difficiles à résoudre par un gouvernement représentatif, qui doit non seulement ménager tous les intérêts, mais encore tâcher d'éviter un combat d'opinions qui pourrait lui être nuisible, et qui ne saurait trancher la question d'une manière violente sans courir le danger de faire souffrir une partie des citoyens en protégeant l'autre; ces motifs se trouvent quelquefois méconnus, non seulement des partis et de la part du public, mais souvent encore par des hommes bien instruits, et desquels on devait attendre l'étude la plus profonde sur les matières dont ils entretiennent le public.

Des hommes éclairés de toutes les classes se sont occupés de cette matière. Nous avons trouvé dans la troisième livraison du *Journal des économistes*, à l'article sur les conseils-généraux, un résumé très intéressant sur la question en litige dont nous nous occupons actuellement, et ce résumé, disons-le de suite, ne laisse rien à désirer sous le rapport de la situation de tous les partis engagés dans cette guerre d'intérêts matériels, si ce n'est un peu d'inexactitude des chiffres donnés, et nous aurions désiré que le savant rapporteur eût couronné son raisonnement d'une proposition digne de ce grand économiste, pour conduire cette affaire à un but qui remplît nos désirs.

Monsieur H. S.... prétend que la consommation fait un sacrifice volontaire de 120 millions par an au fisc, aux colonies et aux fabriques de sucre de betteraves, car en admettant que le commerce fût entièrement libre, on pourrait acheter le sucre de 6 à 8 sous la livre, lorsque nous le payons actuellement de 16 à 18 ; sans que l'état même, jouisse de plus d'un revenu de 35 millions par an de ce sacrifice des consommateurs de 120 millions francs.

Nous croyons cette hypothèse un peu exagérée. Il nous paraît impossible d'établir à si bon marché le sucre raffiné comme monsieur H. S.... le prétend, car la différence qui existe entre le sucre brut et le sucre raffiné en bonne qualité, est d'environ 25 c. la livre, et, si on déduit ce chiffre du premier indiqué, c'est-à-dire celui de 6 sous, il ne nous reste pour le sucre brut que 5 c. la livre, ou 5 fr. les 50 kil. et, quand même nous adopterions le chiffre le plus haut indiqué par monsieur H. S.... celui de 8 sous pour le sucre raffiné, cela ne donnerait, après la réduction de 5 sous pour le raffinage, que 15 c. la livre, ou 15 fr. les 50 kil., prix auquel on ne peut établir, les frais compris, ni le sucre brut du Brésil, ni celui de Java, ni même celui de Manille, rendu dans nos ports maritimes.

Monsieur H. S.... nous fixe un chiffre applicable aux revenus de l'état de sucre colonial qui ne s'élève qu'à 30,164,526 fr. qui ne forme que le revenu de 1840, pendant que le chiffre réel de cette denrée, en 1841, s'élève à 33,886,000 fr., plus environ 9 millions restitués aux fabricans par le gouvernement, pour prime d'exportation, formant ensemble presque 43 millions.

Le revenu sur le sucre indigène s'élève, en 1841, à

6,790,000 fr., pendant que l'évaluation de monsieur H. S...., ne le porte qu'à 4 millions 1|2.

Les revenus de l'état s'élèvent alors sur les deux sucres, au lieu de 35 millions, à environ 52 millions, sur lesquels l'état rend environ 9 millions de primes accordées, conservant toujours 43 millions.

Le prix auquel on pourrait établir le sucre brut étranger en bonne qualité dans nos ports sera, tous les frais compris, à 25 fr. les 50 kil., en admettant une liberté entière pour le commerce du sucre, et en supposant que nous n'aurions ni sucre des colonies, ni sucre de betteraves à protéger. La consommation, en s'emparant, dans l'hypothèse que nous avons établie, de tout le sucre par l'entremise des raffineurs, sans payer le moindre droit, ne profitera en comparaison de nos prix qui existaient au mois de novembre passé, au Havre, que d'environ 60 millions, moitié du chiffre indiqué par monsieur H. S...., une somme dont le public consommateur profite réellement dans l'état actuel, plus que les deux tiers, qui sont versés aux caisses du gouvernement, et qui lui épargnent d'autres sacrifices pour couvrir ce chiffre, si on voulait lui livrer le sucre sans droit à meilleur marché. Ce sacrifice que le public fait alors en faveur de lui-même pour soutenir l'état, les colonies et les fabriques indigènes, est encore balancé par l'exportation de nos produits aux colonies, et afin de pouvoir maintenir notre indépendance sur l'Océan, sans faire valoir les autres raisons développées suffisamment dans les documens et dans le résumé des assemblées de conseils généraux dont nous avons déjà fait mention.

Nous avons voulu prouver par ce qui précède, jusqu'à quel point nos meilleurs économistes peuvent se tromper, quand il s'agit de chiffres, et c'est ce qui arrive dans des administrations qui ne se basent malheureusement que trop sur des tableaux de ce genre.

M. H.S... rectifie dans l'article mentionné les mouvemens des ports en prouvant qu'on ne peut pas compter non plus sur l'exactitude de leurs rapports; il ajoute qu'un navire de cabotage jaugeant 200 tonneaux et monté de 6 marins, faisant deux fois le voyage en Angleterre, figure dans la liste de la marine comme 100 navires apportant par an 200 tonneaux et montés de 1,200 marins, lorsqu'un navire de long cours, jaugeant 300 tonneaux, armé de 14 matelots, et ne faisant que deux voyages par an, ne figure dans le tableau mentionné qu'au chiffre de deux navires portant 600 tonneaux et montés de 28 marins.

Lorsque les tableaux des administrations sont subordonnés à de semblables erreurs plus ou moins importantes, on ne peut les donner que pour bases approximatives, pour des conclusions à prendre, sans y mettre trop d'importance; mais sérieusement, le système commercial et administratif de notre siècle, qui base tout sur des tableaux de chiffres, pourrait être un jour aussi fortement blâmé que les économistes blâment actuellement les systèmes de balances de commerce, qu'on regarde également comme erronés, et dont les doctrines ont produit autrefois bien du mal et des guerres acharnées, pendant que la Providence se réservait de balancer mieux que les puissances humaines les différences des prospérités que le hasard créait dans le temps passé.

Il est vrai que l'on aime à donner des argumens clairs, positifs et irréfragables par des preuves mathématiques, mais il serait bon aussi d'examiner avec profondeur l'esprit de l'époque, seul moyen d'arriver à une solution qui s'y adapte.

Nous avons sous les yeux un tableau de la navigation du port du Havre, pendant les années de 1838 à 1841, que nous reproduisons ici parce qu'il a du rapport à la matière dans laquelle nous nous trouvons engagés. Nous voyons dans ce tableau que le mouvement avec les colonies françaises n'a pas beaucoup perdu de son importance et, en évitant d'ajouter à notre article trop de chiffres, nous résumons que le mouvement de la navigation générale au long cours n'offre qu'une très faible différence et de légères diminutions comparées aux années précédentes, lorsque nous pouvons prétendre avec raison que toutes les affaires n'étaient pourtant pas beaucoup plus difficiles que dans les autres années.

Voir le tableau ci-contre.

MOUVEMENT DE LA NAVIGATION ENTRE LE HAVRE ET LES COLONIES FRANÇAISES, PENDANT LES ANNÉES 1838 A 1841.

	1838				1839				1840				1841			
	Nav. entrés	Tonn.	Nav. sortis.	Tonn.	Nav. entrés	Tonn.	Nav. sortis.	Tonn.	Nav. entrés	Tonn.	Nav. sortis.	Tonn.	Nav. entrés	Tonn.	Nav. sortis.	Tonn.
Sénégal et Cayenne.	8	1400	9	1300	7	1500	12	2000	9	1500	7	1500	9	1550	6	1100
Bourbon et Maurice	10	38000	8	5400	10	5800	11	4000	7	2500	8	3000	10	5600	13	4400
Martinique.	52	15000	46	14000	55	10700	44	13000	44	12000	51	9500	50	14500	39	9000
Guadeloupe.	74	22500	58	17200	73	22000	59	17000	70	21000	55	17000	62	18000	71	21500
	144	42700	121	339000	127	38000	124	36000	130	37000	99	51000	151	59650	154	36000

MOUVEMENT DE LA NAVIGATION DE LONG-COURS ENTRE LE HAVRE ET LES PORTS ÉTRANGERS, A L'EXCEPTION DES COLONIES FRANÇAISES, PENDANT LES ANNÉES 1838 A 1841.

	1838				1839				1840				1841			
	Nav. entrés	Tonn.	Nav. sortis.	Tonn.	Nav. entrés	Tonn.	Nav. sortis.	Tonn.	Nav. entrés	Tonn.	Nav. sortis.	Tonn.	Nav. entrés	Tonn.	Nav. sortis.	Tonn.
États-Unis.	277	114000	240	102000	221	95000	186	86000	313	138000	504	133000	260	114000	242	108000
Brésil.	26	7800	50	9000	32	9000	54	9000	26	7500	51	9000	36	11500	41	12300
Haïti.	42	10500	41	10300	52	12300	35	9000	40	10000	28	7300	45	11230	52	8500
Antilles étrangères.	25	5800	18	4500	12	5000	28	7000	29	8300	29	8500	26	6500	23	5800
Montevideo et Buenos-Ayres.	17	4200	8	2400	10	3500	8	2300	14	4000	12	5300	54	7800	16	4200
Pérou, Chili, Mexico et Colomb.	9	2300	18	4800	19	5000	29	7300	55	8300	28	7000	26	6900	56	9000
Indes Orientales.	11	5800	6	2100	15	5000	8	2300	13	5000	7	2300	12	4000	5	2000
	405	148500	361	159100	361	152800	328	123300	472	181300	439	171000	439	161930	393	149000
Pêche de Baleines.	13	7300	14	7000	28	15000	27	12600	25	9300	14	6000	26	10000	24	9200
	420	156000	373	146100	389	148800	355	146000	495	191000	453	177000	465	171960	419	159000

La diminution qui existe réellement entre le mouvement commercial général, et notamment celui des colonies françaises, confirmant la différence de nos rapports maritimes avec ces possessions, ne peut nullement être attribuée en totalité à la concurrence du sucre de betteraves, et dépend en partie d'autres désastres qui ont troublé, depuis 1837, notre commerce et celui du globe entier ; et en cherchant un remède pour améliorer la situation de nos colonies, nous ne devons pas négliger de nous occuper également d'augmenter et de faire prospérer notre commerce maritime général ; c'est ce qui ne pourra que profiter à notre pays et, directement comme indirectement, aux colonies françaises.

Nous avons dit que la diminution du mouvement commercial avec nos colonies peut être attribuée autant aux crises commerciales qui se sont succédé à trois reprises différentes, depuis 1837, qu'à toute autre raison ; de pareilles crises se font sentir avec plus de violence sur les établissemens qui périclitent, car ils ont beaucoup moins de résistance que les établissemens qui sont dans la prospérité pour réparer les échecs qui leur sont portés dans ces fâcheux événemens.

Nous ne pouvons pas nous cacher que relever la prospérité des colonies françaises sera une tâche non pas impossible, mais assez difficile, quand même on essaierait de leur accorder un avantage, par une meilleure réalisation d'un de leurs principaux produits, le sucre ; l'abondance de la récolte du sucre dans la dernière année existait non seulement aux Antilles françaises, mais encore dans presque tous les autres plantages du monde, et tous les marchés de l'Europe se trouvaient plus ou moins encombrés de sucre. Cet encombrement n'eût pas eu un effet si désastreux sur le prix de cette denrée, si la suite des crises commerciales dont nous parlons, ne se fût pas encore fait actuellement ressentir au point qu'on se trouve très loin de voir la confiance rétablie sur la valeur de la marchandise , seul moyen qu'attire la spéculation légitime pour venir en aide à la consommation. Cette confiance générale sur laquelle se base la majeure partie des mouvemens en hausse sur la marchandise, dépend de l'opinion générale qui est beaucoup plus difficile à guider dans le commerce que dans la politique, et d'autres matières vers lesquelles l'esprit humain se laisse entraîner.

Les combinaisons les plus fines échouent quelquefois en matière de commerce lorsqu'elles ont pour but de vouloir maîtriser les opinions, pourtant les mouvemens de hausse dépendent quelquefois de circonstances insignifiantes; et la masse, partant d'une base erronée, se laisse entraîner par le désir de profit , de se remuer et de faire monter un article de commerce à une hauteur que sa situation ne mérite réellement pas, et qu'on regretterait après des réflexions faites. Les mouvemens commerciaux en baisse de prix de marchandises dépendent également quelquefois d'une bagatelle, mais les influences de la peur les agrandissent successivement comme une boule de neige qui se change en avalanche, et deviennent beaucoup plus désastreux à mesure que les spéculations irréfléchies tendaient à la hausse. Ces changemens et variations dans les opérations commerciales, sont pourtant les vrais élémens des mouvemens de commerce qui se trouvent mieux dans les ténèbres de l'incertitude que dans la situation la plus éclairée, où chacun tâche de se procurer les strictes mesures de ses besoins et cherche à n'accorder qu'un très petit avantage au possesseur de la marchandise. Cette dernière situation n'empêche que trop souvent toute fluctuation commerciale que nous regardons comme très nécessaire pour le mouvement général des affaires ; la certiude sur les existences et sur les grands dépôts, produit du calme, et le calme est aussi nuisible dan sle commerce que sur la mer.

On nous contestera peut-être ces principes, que nous sommes très loin de présenter pour modèles, et on prétendra qu'il vaut mieux agir sur des bases positives que sur des données inexactes ; mais, en accordant que cette thèse soit juste en théorie, on doit nous accorder, si on connaît le commerce et le commerçant, que cette certitude n'est guère favorable aux mouvemens des affaires et que la stagnation dont nous souffrons depuis assez longtemps provient en partie de la léthargie des commerçans qui ne trouvent pas suffisamment des raisons et des motifs, fondés ou imaginaires, pour s'agiter et de remuer les affaires. Les 19 millions de kilog. de sucre des colonies qui restent stationnaires dans nos entrepôts, comme un surplus auquel la consommation supposée n'aurait pas besoin de toucher de sitôt, auront mis obstacle pour très longtemps à tout mouvement de hausse, si la spéculation basée sur une supposition incertaine, ne fût pas venue en aide à l'article en souffrance ; ce sont ces données exactes de la récolte d'indigo aux Indes Orientales, qui ont paralysé toutes les affaires importantes pour cette teinture, de manière qu'elle sera très longtemps en langueur, si un événement fondé ou non ne réveille pas le mouvement et la spéculation.

Si nous nous imposions la tâche de professer des maximes de commerce, ou si nous avions la mission de l'enseigner dans des académies, nous serions pour les doctrines les plus larges et les plus éclairées ; mais si nous parlons du commerce comme il est réellement et sur les motifs que produisent ses mouvemens, nous ne pouvons pas nous écarter de la vérité.

—Il faut regarder les institutions de la société comme elles sont et en tirer les bons côtés, même quand nous trouvons les choses basées sur des jugemens erronés.

Les avis commerciaux qu'on donne par la correspondance ou par les feuilles publiques sont ordinairement accompagnés de tableaux et servent de base à toutes les affaires.

Ils sont relevés avec beaucoup d'exactitude, déguisant pourtant quelquefois la vérité, enveloppant sous un raisonnement, en apparence impartial, le désir d'influencer l'acheteur ou le vendeur ; ce que nous voyons chaque année se répéter pour la récolte de coton, pour les suifs de Russie et beaucoup d'autres articles de commerce, sans que nous y trouvions un grand mal. Sans vouloir adhérer à ce système, nous répétons que c'est au contraire un bien pour le trafic général, comme pour le genre humain, de ne pouvoir pas prévoir l'avenir.

Nous avons parlé de l'incertitude, cela veut dire une situation douteuse qui ne nous laisse pas trop préciser l'avenir, laissant alors le champ libre pour quelques spéculations légitimes ; et ici nous prions bien le lecteur de ne pas confondre notre idée sur l'incertitude avec celle de l'inquiétude, car la dernière est la situation la plus fâcheuse pour le mouvement commercial, soit qu'elle paralyse pour longtemps les opérations, et maintienne la mauvaise situation d'un article de commerce, soit qu'elle produise des pertes sans qu'un autre en profite. L'état d'incertitude vient encore paralyser l'action commerciale aussitôt que la législation se prépare pour un changement de droits dans un article de commerce ou dans un produit d'industrie.

C'est ainsi que l'industrie des sucres a eu deux crises à subir à de courts intervalles, en 1839 et 1841. Le hasard et les circonstances imprévues ont fait souffrir les deux industries qui ont cru trouver des remèdes en appelant à leur aide l'assistance du gouvernement, et en intéressant la masse par la publicité de la presse, en donnant à une question d'intérêt personnel l'importance d'une question d'état que vraiment elle ne mérite pas, et qu'elle n'a obtenu que par l'acharnement des deux partis intéressés. Si on regardait pourtant avec impartialité la situation de chaque branche qui se trouve engagée dans ce conflit, on pourrait prétendre qu'elles ne se trouvent pas tout-à-fait si malheureuses qu'elles le disent ; et nous aurions tout lieu de craindre que le remède qu'on se disposait à y apporter, fût pire que le mal même.

Les ports des mers, en faisant valoir l'intérêt des colonies qu'ils représentent, n'ont défendu que leurs propres intérêts, et celui d'un créancier qui protége la situation de son débiteur. Ils ont élevé la voix le plus haut et se sont servi des leviers les plus puissans, celui de l'intérêt du fisc et celui de l'intérêt national, qui désirent voir augmenter la marine marchande.

En toute occasion où l'on voit les négocians français, représentés par les chambres de commerce, défendre leurs intérêts, on découvre malheureusement un égoïsme qu'on ne se donne pas même la peine d'envelopper ; et on tient peu de compte du bien-être général, comme s'il ne valait pas la peine d'en faire mention. Cette partie de citoyens est tellement embranchée avec la haute finance qu'elle croit n'avoir pas besoin de faire valoir ses droits par les argumens de la raison, et qu'elle n'a besoin que de réclamer à haute voix, afin qu'on lui fasse des concessions. Il est vrai que le négociant qui n'est pas encore influencé par l'ambition conserve une indépendance que toutes les autres castes ont plus ou moins abandonnée ; mais cette indépendance le mène souvent trop loin, et il a grand tort de vouloir se placer au-dessus des autres citoyens, et de faire valoir des droits qu'il n'a acquis que dans son propre intérêt.

Les ports de mer prétendent qu'ils répandent le plus les richesses dans le pays, par leur activité à importer les besoins pour la consommation, et à exporter les produits du sol et de l'industrie du pays; ce sont eux qui rapportent les plus grands chiffres au fisc par l'impôt des douanes, et qu'ils répandent par leur entremise la prospérité partout. Comme la législation leur a accordé, par préférence, des tribunaux particuliers et des institutions spéciales pour protéger leurs intérêts, ils se prennent à la moindre circonstance où ils croient leurs intérêts compromis; comme les enfans gâtés qui tâchent de forcer leurs parens pour obtenir d'eux ce qu'ils désirent. Mais en toute autre occasion qui ne touche pas leur position, *ils laissent faire* avec une apathie inconcevable tout ce que l'on désire, quand même ce serait au préjudice de leurs frères qui ne s'occupent pas de commerce ni des armemens.

Les délégués des ports maritimes de premier ordre en France, comme Bordeaux, Nantes, le Hàvre, ont réclamé l'abolition des sucreries de betteraves, sans restriction, et les plus modérés proposent à l'état de dédommager les propriétaires en rachetant leurs usines, et ils croient d'autant mieux réussir qu'ils veulent leur expliquer la loi sur l'expropriation pour cause d'utilité publique.

Les motifs qui leur font espérer l'adhésion de leur demande, leur paraissent d'autant plus fondés, que leur politique les a décidés à ne réclamer rien qui pût diminuer les revenus du fisc qu'ils craignent le plus de heurter, et pour appaiser leurs adversaires ils croient agir suffisamment dans leurs intérêts, en faisant acheter, non point de leur bourse, mais de celle d'autrui, une industrie en déchéance. Ce sont là les vues de quelques industriels qui n'ont point la force de pouvoir supporter les difficultés que tout objet de commerce, toute branche d'industrie, toute institution humaine doit avoir à surmonter dans certaines circonstances.

Les réclamateurs de cette mesure rigoureuse étaient d'autant plus sûrs de la voir se réaliser, qu'ils ne regardent les enquêtes et les débats que comme de simples formalités, prouvées par la spéculation qui a fait monter le sucre colonial à 39 francs de 32 auquel il était tombé.

Nous avons prédit au mois de décembre dernier qu'à cette époque de l'année, la situation du commerce en général, ne pourrait point justifier les bases de ces spéculations, mais que peut-être cette hausse pourrait contribuer pour beaucoup à les tromper dans leurs espérances, et cette circonstance venir en aide à leurs rivaux opprimés.

Tous les articles en souffrance par une baisse disproportionnée remontent tôt ou tard d'eux-mêmes, c'est là une vérité reconnue en matière commerciale, et la hausse s'effectue avec une célérité d'autant plus grande que l'article a subi une plus forte baisse ; la consommation augmentée par les bas prix aide à écouler la marchandise négligée, mais la spéculation s'en mêle, la pousse à un trop haut degré, et le temps, ce grand niveleur, rétablit bientôt la balance dans de justes proportions. Une expérience commerciale de quarante années a démontré à l'auteur la vérité de cette thèse, sur presque toutes les denrées coloniales, c'est là un point que personne ne peut lui contester.

Des institutions sages et une réforme dans les lois de douanes ont, il est vrai, contribué parfois à élever un article de première nécessité trop surchargé d'impôts, mais nous avons peu d'exemples que l'on ait proposé la suppression d'une branche d'industrie protégée d'abord, pour en faire remonter une autre que les circonstances font momentanément décliner.

Où cesseraient les réformes et les changemens subits, si l'on voulait remédier par des mesures violentes à des maux pareils. Comment peut-on secourir les marchands de coton du Hàvre, dont les convulsions politiques ont déterminé la souffrance momentanée. Vivant comme ceux de Liverpool et de Manchester, dans l'opinion que de leur marchandise seule dépend la prospérité du monde, ce sont eux qui réclameront les premiers s'ils en trouvent le moyen, mais ils n'osent point se rendre coupables d'une telle absurdité, comptant sur le besoin des consommateurs. La saison est ici leur guide, car déjà dans ce moment (écrit fin décembre), d'importans achats ont fait cesser la stagnation de leur article.

Les importeurs de cafés auront besoin de secours, car la rivalité des Hollandais a causé beaucoup de préjudice à cette branche du commerce, c'est le vrai moment de les aider, mais non pas par des moyens violens, et voilà pourquoi ils n'osent faire des réclamations ; mais nous reviendrons sur cet article important.

Les indigottiers souffrent aujourd'hui plus que les importateurs du sucre colonial ; depuis le mois de juillet dernier cette denrée a baissé de plus de 25 p. 010, et cette circonstance est d'autant plus à déplorer que cet article est le plus important de notre commerce avec les Indes-Orientales, qui offriront à notre industrie un débouché très considérable, aussitôt que nos relations avec ce pays seront plus suivies, et que le fret sera moins exhorbitant et moins disproportionné de celui des Indes pour l'Angleterre.

Nous aurions encore beaucoup d'autres exemples, mais nous nous en exempterons pour le moment ; nous avons seulement voulu démontrer que quelques

branches du commerce colonial ont autant besoin de protection que les sucres,
et que cependant aucune d'elles ne fait de réclamations.

Où s'arrêterait-on, si l'on voulait donner suite à des réformes pareilles, qui
attaquent les lois de la liberté et de la propriété individuelles. Citons un seul
exemple :

Les graines oléagineuses et les huiles de baleines sont cette année montées
à un degré inespéré; c'est ce qui inspirera sans doute aux cultivateurs l'idée de se
prêter avec plus d'ardeur à la culture des plantes qui semblent devoir leur rap-
porter de grands avantages. Si ces plantes réussissent bien et qu'on en exagère
la production, leur huile retombera à sa cotte ordinaire, et avec elles, l'huile
de baleine qui de 30 fr. a monté cette année jusqu'à 48 et 50 fr., retombant à
ce prix ancien, de 30 francs, les entreprises de la pêche éprouveront des pertes
au lieu d'avoir des bénéfices, encore même qu'elles puissent jouir de la prime à
elles accordée par le gouvernement. Dans une situation pareille, si les baleiniers
dont la branche commerciale de navigation est non seulement très importante,
mais encore très utile au commerce général du pays et à l'éducation des marins, réclament qu'on frappe d'un droit exagéré les cultivateurs de graines oléagineuses et les usines à battre les huiles, ou bien encore que l'état abolisse leurs
établissemens en leur payant un dédommagement, c'est-à-dire, aux frais des
citoyens qui ne sont point directement intéressés dans la question, où s'arrête-
rait ce système erroné si on l'adoptait une fois?

L'agriculture ne se trouve que très peu engagée dans la
question dont il s'agit ; car de quarante-quatre départemens
qui se sont livrés à la production du sucre de betterave, il
n'y en a que quatre qui aient conservé réellement cette industrie. Les agriculteurs qui ont développé en d'autres occasions
le système qu'on leur doit protection avant tout, parce qu'ils
représentent les trois quarts de la population française et la
grande masse de richesses payant les impôts les plus importans, et ne retirant de ces richesses que des revenus très
restreints, exagèrent les avantages ruraux que leur livre
la fabrication du sucre indigène.

Mais si nous devons contester ces doctrines, nous ne pouvons pas nous empêcher de leur accorder toute la raison
dans les principes ; car il est prouvé que nous sommes en
partie arriérés dans les avantages qu'on pourrait tirer de l'a-
griculture en comparaison des autres nations. La branche

de l'industrie rurale ne rapporte aux propriétaires du sol de France qu'à peu près trois pour cent de revenu. On pourrait les réélever considérablement en cultivant tous les terrains disponibles qui pourraient produire l'alimentation de soixante millions d'habitans, en exportant le surplus de leurs besoins, et en ajoutant à l'agriculture des établissemens d'industrie qui s'accordent avec la situation de la campagne. D'après ce système, le taux des intérêts pourrait s'élever au moins au double de la rente actuelle, sinon à sept ou huit pour cent, comme nous en avons l'exemple dans quelques autres états européens.

Si on reconnaissait la vérité de cette dernière thèse, on se trouverait dans l'impossibilité de détruire, sous quelque prétexte que ce soit, même avec des indemnités, la sucrerie indigène ; car on anéantirait le principe d'améliorer la situation de l'agriculture par des branches d'industrie qui lui viennent en aide, et un système de destruction ne pourra guère encourager à se livrer à des entreprises semblables.

Les établissemens de sucre indigène ont pour eux les encouragemens obtenus par l'état, la perfection qu'ils ont déjà acquise dans les productions, et qui peut encore s'augmenter, comme nous le démontrerons plus tard, sans beaucoup d'autres raisons qu'on a fait valoir par la presse et dans les assemblées des conseils-généraux. Malheureusement, ces établissemens ont contre eux la mauvaise situation de quelques maisons, et la fraude à laquelle ils se sont livrés en partie, ce que nous allons prouver, si on ne veut pas contester la vérité des documens que nous avons devant les yeux, et qui ne seront pas ainsi avancés sur cette matière sans aucun fondement.

Il paraît, du reste, impossible de donner le nom de *système* à la combinaison qui tendrait à maintenir le *statu quo*, sauf à réprimer la fraude par des mesures plus énergiques et plus efficaces. Nous savons que la fraude s'est exercée dans de larges proportions, mais nous ne pouvons considérer comme modification du système actuel la simple et fidèle exécution de ce système. Les auteurs de la loi de 1840 en ont réglé les conditions, et le Gouvernement a le droit de les faire exécuter rigoureusement. Si la fraude a, d'ailleurs, profité à quelques fabricans, elle a nui essentiellement à beaucoup d'autres, et la répression invoquée ne modifierait, par ce motif, aucune des conditions normales dans lesquelles l'industrie a dû s'exercer en général. — *Cons. de com. Rapp.*

Quant aux colonies françaises qui se trouvent le plus engagées dans le conflit des intérêts opposés, nous croyons qu'il y a des remèdes pour se relever de la situation affligeante, sans avoir recours à la destruction des sucreries indigènes. On a proposé plusieurs moyens plus ou moins applicables, dans la session des conseils généraux, moyens que nous ne reproduirons pas ici; seulement nous prétendons que, si les planteurs se trouvaient animés d'une ferme volonté d'améliorer leur situation sans sacrifier les institutions de leurs frères européens, et, s'ils se décidaient une fois à sortir de leur apathie, ils réussiraient, et la métropole leur viendrait bien sûr en aide de toute manière ; nous nous proposons même de développer quelques idées à cet égard en temps utile.

Les intérêts maritimes engagés dans cette question sont d'une grande importance ; mais nous avons déjà dit qu'ils le sont beaucoup moins qu'on ne le prétend, et qu'on peut y pourvoir sans la destruction de l'industrie qui doit être reconnue actuellement comme utile par tout homme impartial. Il existe encore beaucoup de moyens de relever le commerce maritime, ainsi que le commerce général, soit par la création de fonds qui ne se trouvent pas en trop grande abondance dans nos ports de mer, soit par de nouvelles institutions qui faciliteront beaucoup les mouvemens commerciaux, et encore par beaucoup d'autres moyens que nous allons développer prochainement.

Quant à l'intérêt financier, nous sommes très loin de vouloir qu'il souffre du changement qu'on propose ; mais nous désirons qu'il s'approprie des idées larges, conformes à l'esprit de l'époque, et qu'il tâche d'avoir autant de revenu qu'il en a aujourd'hui, sans sacrifier les intérêts de quelle part que ce soit, et si la situation exige de ne pas accorder des grandes concessions au détriment du trésor, qu'on renonce au moins aux idées funestes de vouloir profiter de l'action engagée entre les partis, pour agrandir le revenu de l'état au préjudice des partis souffrans et de la consommation. Les considérations en faveur de l'impôt, développées dans le conseil des manufactures du 20 décembre, sont les plus faibles argumens ; et les rapporteurs des conseils d'agriculture ont suffisamment répondu à ces argumens, et ont prouvé que, depuis 1825 jusqu'à 1840, les revenus de l'état étaient toujours croissans. Pourquoi donc voudrait-on aujourd'hui, dans un but purement fiscal, tuer le sucre indigène, pour élever sur ses ruines les revenus de l'état par le sucre étranger ? Faire la paix de cette manière entre deux partis combattans, ce serait agir comme les pouvoirs agissent quelquefois dans ces missions pacifiques.

Parmi les délégués de la nation qui se sont rassemblés dans les séances des conseils-généraux, les juges les plus sobres ont voté pour le *maintien du statu quo*, *avec de simples modifications relatives à la surtaxe et au rendement*; et c'eût été peut-être le meilleur système à embrasser, si on n'eût pas crié si fort de tous côtés qu'un changement paraissait nécessaire; car il est vrai qu'on n'a pas accordé assez au temps, pour éprouver les conséquences des lois créés en 1839, et les

désastres momentanés provenant de l'année 1841 ne justi-
fient pas suffisamment un changement par lequel on veut
porter remède à deux branches d'industrie, souffrant en apparence, pour lesquelles on a changé les systèmes de droits
tant de fois, et qui néanmoins n'ont cessé de se développer avec
avantage ; car sans cela, on les aurait depuis longtemps dé-
laissées pour se retourner vers une autre industrie qui donnât
plus de succès, et ce n'est pas la tâche de l'état d'examiner
si une branche d'industrie donne des profits ou des pertes
momentanées, s'il ne la voit pas trop faiblir dans ses productions. Les pertes qu'éprouve une partie des citoyens de l'état
par la déchéance de leur industrie accorde quelquefois des
avantages réels aux autres, sans que nous l'apercevions, et
c'est la providence seule qui balance, en général, les intérêts
des hommes. Le gouvernement qui représente la providence
doit trouver remède, comme la nature, sans aucun moyens
violens et doit chercher à se garantir seulement contre les
excès.

RÉSUMÉ DES DISCUSSIONS VOTANT POUR LE STATU QUO.

Les conséquences de la loi de 1840 ne peuvent être exactement connues,
puisque, de l'aveu de tous, une grande masse de produits ont échappé à l'impôt.
— *Cons. Man. Rapp.*

Mais si l'on examine les résultats constatés de la loi, on voit, d'une part, que
la production coloniale n'a pas diminué ; que, d'autre part, 166 fabriques sont
fermées, et que la production indigène est descendue de 59 millions à 26. La
loi a donc eu un effet incontestable en France ; quant à l'effet aux colonies, leur
éloignement ne permet pas encore de l'apprécier ; c'est un grave motif en faveur du *statu quo*.

Non seulement il donne sécurité à l'industrie, mais il donne à l'administration
et à tous, le temps d'étudier les faits. Il conserve un produit qui est une conquête
nationale, qui a, de plus, l'avantage de donner du travail dans les campagnes ;
et, si l'on se reporte au moment où, en 1840, les craintes de la guerre ont
préoccupé tant d'esprits, on se rappellera combien alors on s'applaudissait de
cette conquête. Si les circonstances politiques ont dissipé ces craintes, ne peut-

on, et ne doit-on pas prévoir un cas de guerre ? C'est donc une considération qui milite en faveur du maintien, en même temps qu'elle justifie les encouragemens donnés avec tant de persévérance au sucre indigène. Les succès obtenus par cette industrie ne l'auraient donc conduite qu'à sa destruction ! — *Cons. Man. 12 janvier.*

Gardons-nous de changer tous les ans les législations, sous le prétexte d'une souffrance momentanée. — *Con. Man. 20 décembre.*

Il faut accepter la loi telle qu'elle existe, mais prendre des mesures pour faire écouler le trop plein et empêcher qu'il ne se reproduise.

La première cause de l'encombrement des produits résulte d'une erreur de la législation ; les chambres ont appelé un troisième concurrent sur le marché, en abaissant la taxe sur les sucres étrangers. Le remède naturel c'est le rétablissement du droit différentiel au taux de 40 fr. — *Cons. d'ag. 23 décembre.*

Regardons la situation actuelle des choses avec impartialité, nous trouverons deux industries opposées, dont chacune est protégée d'une manière différente. Le sucre indigène jouit de la préférence d'un droit beaucoup moins important que le sucre des colonies ; cette industrie a pour elle tous les avantages des découvertes nouvelles dans les sciences, et elle se trouve placée très près de ses débouchés ; mais le sucre des colonies n'est pas moins protégé ; il paie beaucoup moins de droits que le sucre provenant des colonies étrangères, il vend ses produits beaucoup plus cher à la métropole qu'il ne pourrait les placer dans tous les ports de l'Europe, et les capitalistes des ports de mer lui fournissent la majeure partie des capitaux nécessaires comme avance, que les colonies ont la facilité de payer successivement par leurs produits.

La rivalité qui existe entre les deux sucres a beaucoup contribué à améliorer la production, de sorte que les bettraveries, qui travaillaient autrefois sans le moindre impôt, peuvent supporter actuellement un droit de 25 fr. et 10 p. 0⁄0 par cent kil. et peut-être encore une augmentation, quoique l'on en dise, sans courir à leur perte, car ces établissemens ne sont pas encore sur le point de perfection où ils pourraient arriver. On ne tire en général que pour 4 1/2 et 5 p. 0/0 de sucre des betteraves, et à de très rares exceptions on arrive en France jusqu'à 6 p. 0/0, pendant que les grands établissemens de l'étranger, et notamment ceux du comte de Larrisch en Silésie, donnent toujours 6 p. 0/0 et plus. Si on arrivait alors à obtenir un résultat pareil, dans nos grands établissemens, ce serait une amélioration de plus de 20 p. 0/0 dans les matières.

Les produits des sucres des colonies se trouveraient stimulés de cette manière à améliorer leurs usines, et déjà on a commencé à y introduire des appareils qui livrent 40 0/0 de plus de matière qui balanceront totalement pour l'avenir la différence des réductions de prix. Nous le répétons, si les colons voulaient se livrer sérieusement à toutes les améliorations possibles pour gérer leurs établissemens, ils parviendraient à réaliser leurs produits avec bénéfices, quand même ils se trouveraient en face de la concurrence des établissemens de sucre indigène.

Voilà alors deux industries rivales qui ne souffrent en réalité que par les événemens de 1840 et ses suites, mais qui ne développent pas néanmoins leur force, qui acquièrent des améliorations et qui donnent l'alimentation à beaucoup d'autres industries rurales, manufacturières, commerciales et maritimes; l'homme d'état ne peut alors que se féliciter de la situation actuelle et doit bien prendre garde de détruire l'une ou l'autre.

Dans le cas imprévu que les deux industries voudront s'unir et former une coalition contre la consommation, comme nous le voyons quelquefois s'opérer dans des établissemens de concurrence , c'est-à-dire en usurpant le monopole de la fabrication, ou élever leurs prétentions, le sucre étranger est là pour l'empêcher, et la consommation se trouve tout-à-fait garantie, en laissant aux trois rivaux le champ libre pour les opérations réciproques.

Cette situation est très loin d'être déplorable sous le point de vue du haut commerce et des économistes éclairés, et nous regardons comme un malheur que la situation financière de la France se trouve tellement placée que les personnes de l'état qui se sont occupées avec autant d'énergie de diriger les enquêtes nécessaires et d'éclairer la question avec impartialité de tous les côtés, n'aient pas osé proposer un chiffre de revenu sinon moindre que celui du dernier budget, pourtant un peu moins positif, et qu'ils aient plutôt un penchant à l'augmenter, par le droit sur le sucre, en sacrifiant les établissemens indigènes, les revenus de l'état, malgré l'impopularité dont on les aurait accusés après cette détermination funeste.

Si l'administration des finances, et le chef qui la représente en France, avaient insisté réellement à profiter de l'occasion de la dissolution de la question du sucre pour obtenir non seulement le revenu annuel qui a produit cette denrée coloniale et l'industrie indigène, mais encore une vingtaine de millions de plus pour couvrir le déficit qui se montre d'autre part, alors le ministre du commerce se serait trouvé forcé, contre son gré et malgré les thèses libérales développées à l'ouverture des conseils généraux, à concourir à cette demande et à jeter la torche de désunion dans l'assemblée des chambres, à se montrer impopulaire contre son gré et à risquer d'échouer dans une proposition qu'il se trouvait forcé de faire. On peut encore regarder comme un événement heureux

que le conseil des ministres ait adopté la prorogation de la si·
tuation actuelle, au lieu de tolérer un moyen beaucoup plus
onéreux ; et ce n'est que sous ce point de vue qu'on doit regarder la décision prise. Notre but est d'empêcher, dans le cas
où l'affaire serait reprise plus tôt ou plus tard sur le même
point de vue qu'actuellement, que l'état renonce à augmenter ses revenus par le sucre et que les sucreries indigènes
soient destinées à être sacrifiées d'une manière ou d'autre ; car nous croyons tout-à-fait impossible de pouvoir
leur accorder l'indemnité, quoiqu'on en dise, et cette apparence de philantropie nous paraît tout-à-fait inadmissible,
sans se créer un mauvais exemple et une tribulation éter-
nelle de réclamations pour l'avenir.

L'exemple du monopole du tabac et celui de l'expropriation forcée avec dédommagement, pour cause d'utilité publique, ne se trouvent pas applicables et ne motivent pas suffisam·
ment une mesure pareille, quoique les deux rivaux paraissent
le désirer. Le monopole du tabac est un ancien mal qu'on sent
moins, comme tous les maux auxquels on s'accoutume. Il sera
difficile à réformer, mais pas impossible, comme nous le démontrerons à une autre occasion, et les revenus des 80 millions et plus qu'il rapporte à l'état, paralysent beaucoup d'inconvéniens pour la consommation, quoique nous ne puissions
pas nous dissimuler que cet impôt repose beaucoup plus sur
la classe inférieure que sur celle élevée, et la tâche des hommes de finances devait être d'établir le contraire.

L'utilité publique (1) n'est pas suffisamment prouvée par

(1) Nous ne trouvons pas l'expression d'utilité publique très bien choisie pour
le cas d'urgence, où on veut faire application de cette loi, qui devait être dénommée,
nécessité publique au lieu d'*utilité publique*, la distinction que nous trouvons
entre ces deux mots, est : que la nécessité fera comprendre à la partie souffrante

les soi-disant souffrances des colonies et du commerce maritime, pour y remédier par le rachat des établissemens indigènes. On ne devrait jamais avoir recours à des moyens pareils, et les gouverneurs des états sortiraient tout-à-fait de
la mission qu'on leur a accordée en se mêlant de cette manière des recouvremens des pertes industrielles. A-t-on jamais pensé de dédommager les huit mille pauvres ouvriers
tailleurs de pierres-à-fusil qui souffrent depuis l'invention
des fusils à percussion ? et l'état, qui a lui-même adopté les
derniers, a-t-il seulement pensé à indem niser la perte
de cette pauvre classe ? Un tel système philantropique, quel
que louable qu'il soit, ne s'exécute pas sans beaucoup
d'inconvéniens, et le changement continuel se trouve condi-
tionné dans toutes les choses et dans tous les états du monde
que la providence seule remet en équilibre.

Sortant alors du point de vue presque adopté partout,
que le sucre indigène doit souffrir le plus dans le combat
engagé, nous nous opposerons pourtant à la réélévation de
droits à proportion de ceux qui sont perçus sur les sucres
coloniaux ; mais si on ne pouvait nullement éviter que cette
branche d'industrie supportât un nouveau fardeau, nous
ne trouverions de planche de salut pour elle que dans le per-
fectionnement où elle pourrait arriver, et dans le moyen
qu'elle pourra exporter une partie de ses produits

Basé sur cette hypothèse, nous osons faire une proposition qui pourrait être subordonnée à beaucoup de modifications, et que nous donnons seulement comme remède,

qu'elle est sacrifiée par la force des circonstances ; mais le mot utilité ne
justifie pas suffisamment cette maxime de rigueur. Une chose peut être utile à
tout le monde, sans que *l'intérêt privé* et la liberté des *individus* dussent
y être sacrifiés.

beaucoup moins douloureux à supporter de toutes les branches ; le palliatif par lequel on était disposé à guérir le mal, et le *statu quo* provisoire proposé par le ministère, nous donnant le temps d'examiner notre proposition, de la modifier ou de la rejeter.

Les systèmes qui ont été proposés consistaient :

1° Dans le maintien du *statu quo* avec de simples modifications.

2° Par nivellement de droit aux deux sucres.

A. Par dégrèvement sur le sucre colonial.

B. Par dégrèvement du sucre colonial et aggravation simultanée du sucre indigène.

C. Par une aggravation des charges sur le sucre indigène.

3° Système. — Limitation de la production indigène.

4° Système. — Modifications au régime colonial.

5° Système. — Suppression de la fabrication indigène.

Et nous voyons qu'on s'est occupé de toutes maniéres de modifier la situation actuelle.

On ne s'est pourtant pas occupé très sérieusement de la question de dégrèvement de droits des sucres coloniaux, craignant de diminuer les revenus de l'état, et d'échouer le plus dans une proposition qui touche si près l'intérêt du fisc ; pourtant, M. Duchâtel, qui doit avoir bien étudié la question, a proposé, en 1837, une loi qui dégrevait le sucre colonial ; mais les soi-disant intérêts du fisc a encore prévalu, et ce projet a abouti à un impôt mis sur le sucre indigène, car on croyait comme Basile, que *c'est toujours bon à prendre* et beaucoup mieux qu'à rendre.

Les objections faites par les conseils généraux dans les rapports des conseils de commerce et de manufactures, et que nous citons textuellement, n'ont pas assez de consistance pour résister à des argumens comme M. Duchâtel l'a donné à son temps, et que donnera tout homme indépendant qui n'a pas un intérêt personnel à défendre, et qui n'a pas pour thèse que *les entrées du fisc doivent prévaloir avant tout.*

Il est ici de notre devoir d'extraire du résumé des discussions des conseils-généraux, toutes les raisons pour et contre, du nivellement par dégrèvement pur et simple du sucre colonial.

On a proposé d'arriver à l'égalité au moyen d'un dégrèvement annuel de 3 f. sur le sucre colonial, et d'une élévation de 1 fr. sur le sucre indigène, de sorte que le droit de 45 fr. se trouverait établi à 50 fr. pour les deux sucres, dans une période de cinq ans.

Si, disait-on, l'augmentation de la population et l'aisance, qui devient plus générale, sont des causes de plus grande consommation, il faut bien reconnaître que les perfectionnemens dont sont susceptibles les procédés de fabrication et l'abaissement du tiers des droits, y ajouteraient beaucoup, en permettant de vendre à de plus bas prix. Le trésor pourra donc, selon toute apparence, se trouver, au moyen d'une consommation ainsi augmentée, à peu près dans les mêmes conditions; mais, dans le cas où en effet, il résulterait de cette combinaison une perte apparente ou réelle pour lui, ne faut-il pas se demander si, dans la question compliquée que l'on se propose de résoudre, et dans laquelle se trouvent engagés les intérêts de l'agriculture, de l'industrie, du commerce, des colonies, de la marine marchande et de la marine militaire, c'est-à-dire, les intérêts généraux du pays, ce n'est pas au fisc qui les représente tous à procurer la solution. — *Cons. man. Rapport.*

Mais on répond que, si les besoins du Trésor étaient grands en 1857, ils ne sont pas moindres aujourd'hui, et l'emprunt tout récent qu'il vient de contracter nous garantit qu'il s'opposerait énergiquement à une réduction quelconque du revenu sur lequel il a compté pour équilibrer le budget de l'Etat.

D'ailleurs, il faut bien le reconnaître, le sucre a atteint aujourd'hui un prix assez modéré pour être à la portée de toutes les consommations; une réduction considérable dans sa valeur vénale développerait, sans doute, encore cette consommation; mais il n'est guère probable que 5 ou 10 centimes de diminution dans les prix procurassent au Trésor une compensation proportionnée au sacrifice qu'on aurait exigé de lui. — *Cons. de com. Rapport.*

Réduire le droit, ce serait peut-être préparer, pour l'avenir, une plus grande consommation, car il est reconnu que, plus une marchandise est à bon marché, plus la vente en est considérable; mais il est vrai aussi que les habitudes ne se changent pas tout à coup, et ce serait cependant tout à coup que le Trésor se verrait privé d'une part quelconque de l'impôt, quand toutes ses ressources actuelles sont insuffisantes pour couvrir les dépenses. — *Cons. man. Rapp.*

La mesure donnerait satisfaction à la production métropolitaine; mais elle aurait pour effet de remettre en question, plus que jamais, l'existence de nos cojonies et celle de notre commerce d'outre-mer, d'enlever au Trésor un revenu qui lui est désormais acquis, et de bou'everser encore une fois toutes les conditions du développement de notre inscription maritime.—*Cons. de com. Rapp.*

Nous oserons donc encore une fois revenir sur *le dégrèvement pur et simple ; mais sur une échelle restreinte avec la modification d'un drawback pour le sucre indigène exporté en état raffiné,* et nous démontrerons, qu'en adoptant ce système, il n'y aura guère apparence de perte pour les parties intéressés, pas même pour les revenus de l'état qui pourraient encore augmenter au lieu *de diminuer.*

Tout le monde reconnaît que le sucre est devenu un produit presque indispensable ; qu'on est loin de le regarder comme objet de luxe ou de gourmandise, et que son usage se répand de plus en plus. Mais nous avons imposé cette matière première, parce que nos finances nous y ont forcé, pourtant de manière à ce que le prix ne soit pas exagéré et se trouve à la portée de tout le monde.

Une très grande partie de cette denrée n'est pas livrée immédiatement à la consommation, et passe par la fabrique de confiserie, de chocolat, etc., et forme même un article d'exportation d'une assez grande importance.

Admettons qu'on puisse réduire le sucre de deux à trois sous la livre, le chiffre de la consommation et celui de l'exportation des articles fabriqués augmentera également, sans contestation, dans la proportion et même plus, de la réduction du prix qu'on lui accorde.

Ces deux faits une fois *établis,* nous ne savons pas pourquoi nous ne devons pas admettre une consommation de sucre presque aussi forte qu'en Angleterre. Il est vrai que nous ne prenons pas autant de thé que les Anglais ; mais nous consommons beaucoup plus de sucre dans les établissemens publics que dans la Grande-Bretagne. Il est vrai encore que les desserts de nos classes bourgeoises consomment également plus de sucre que ceux de l'Anglais frugal, qui se contente souvent d'un morceau de fromage, mais nous trouvons alors la grande différence dans notre consommation à proportion de celle de l'Angleterre, dans le prix plus élevé en comparaison de la valeur qu'on accorde à l'argent en Angleterre, et à sa proportion établie en France ; c'est-à-dire , une livre de sucre est plus chère à 90 c. pour la consommation de la France à la valeur de l'argent, qu'il ne l'est en Angleterre à 2 schellings formant 2 fr. 50 c.

Le tableau officiel nous prouve que chaque individu consomme en Angleterre dix-sept livres de sucre par an, c'est-à-dire plus ou moins, selon a situation, mais la commune nous donne ce résultat (1). Adoptons le chiffre de 120 millions de kil., que les actes officiels nous indiquent pour la France, et nous n'obtiendrons que 8 1[7 livres anglaises par tête, pas tout à fait la moitié que les Anglais consomment. Si nous admettons que la consommation augmenterait chez nous par la réduction des prix à la proportion des Anglais, nous obtiendrons pour les trente-trois millions d'ames qui habitent la France, une consommation de 250 millions de kil., et même en retranchant la cinquième partie du chiffre indiqué, pour les départemens qui se livrent moins aux boissons chaudes , ou pour d'autres raisons, nous pouvons compter, avec quelque apparence , sur une consommation de 200 millions de kil.

Mais nous n'avons pas besoin de rester dans ces termes ; en admettant que nos raffineries ne ralentissent pas leur ac-

(1) Nous parlons ici seulement de l'Angleterre, car l'Irlande, en partie si pauvre, et l'Ecosse si sauvage, consomment beaucoup moins.

tivité, et qu'au contraire elles l'augmenteront ; que par suite de notre système de dégrèvement, l'exportation du sucre étranger raffiné éteindra le chiffre de 25 millions de kil. de sucre brut et le drawback accordé aux établissemens de sucre indigène, qui raffineront leurs produits dans leurs propres usines, établira une exportation équivalent à 25 millions de sucre brut, il ne nous restera plus que 150 millions pour la consommation, chiffre qui n'est nullement exagéré, et que nous pensons voir un jour s'augmenter en réalité ; pourtant il nous reste encore à déduire de ce nombre celui de l'exportation de sucre changé en toutes sortes de confiseries qui sera assez considérable aussitôt que la réduction des prix du sucre permettra de les offrir à l'étranger.

Pour obtenir ce résultat, nous proposons un dégrèvement sur le sucre colonial et étranger, d'environ 15 francs les 100 kil., et on peut supposer avec quelque vraisemblance, que la consommation profitera de ce dégrèvement d'une certaine réduction d'une part, et les sucres coloniaux et étrangers d'une hausse de prix de l'autre.

Les sucres de betteraves resteront dans leur situation actuelle, mais leur énergie les aidera à supporter l'échec de la préférence accordée aux autres sucres.

Comme la nouvelle loi rendrait nécessaire une surveillance plus active que celle qui existe à présent, on pourra accorder aux fabriques indigènes un drawback de 50 fr. pour 100 kil., sur le sucre raffiné (réduit à 70 p. 0|0), produit dans une certaine quantité à fixer à proportion de leurs usines, dans lesquelles même l'opération des raffinages doit être exécutée, et dont l'origine doit être incontestablement prouvée, et ce sera la tâche de l'administration, d'examiner les moyens pour arriver à l'exécution de ce changement dans les droits, et d'empêcher la fraude qui pourrait en résulter.

Le chiffre de cette prime d'exportation suffira pour introduire les produits, sinon en Belgique, du moins en Prusse, malgré les droits dont sont frappés les sucres raffinés dans les pays que nous venons d'indiquer ; et à cette occasion, nous profiterons réellement de notre traité avec la Hollande. Nous croyons même que l'état des finances permettra d'augmenter le chiffre de cette prime si on le trouve nécessaire, ce qui sera possible selon le tableau que nous produisons ici et que nous croyons loin d'être chimérique.

IMPORTATION ET FABRICATION.

SUCRE des colonies françaises.	25,000,000 kil. Bourbon avec un dégrèvement de 15 fr., soit 25 f. et 10 % formant fr. 27 50 le 100 k.	6,875,000
	75,000,000 » de la Martinique, de la Guadeloupe et de la Guyanne, avec un dégrèvement de f. 14 95 soit à 31 50, et 10 %, formant fr. 34 65.	33,085,500
SUCRE indigène.	50,000,000 » au droit actuel, soit 25 fr, et 10 % formant fr. 27 50.	13,250,000
SUCRE étranger.	50,000,000 » avec un dégrèvement de 15 f. 40 c. soit 40 et 10 % formant fr. 50 60.	28,500,000
	200,000,000 kil.	Fr. 71,412,500

A DÉDUIRE :

50,000,000	25,000,000 kil. de sucre indigène en état raffiné à 70 %, avec un drawback de 50 f. p. 100 k. f.	875,000
	25,000,000 kil. de sucre étranger en restitution de droits	12,500,000
Reste 150,000,000 k. pour la consommation.		21,250,000

Revenu annuel pour l'état.   Fr. 50,162,500

Dans le tableau que nous venons d'établir, nous avons augmenté le chiffre des importations des colonies françaises et celle de l'étranger à 25 p. 0⁄0 sur la base adoptée par le gouvernement dans le résumé qu'il nous livre sur la question du sucre (3ᵉ partie article 121), et notre estimation des importations et de la consommation présumée, après un dégrèvement de droits, ne s'écarte que de 5 millions de celui dont l'article du *Journal des Débats* du 4 mars dernier fait mention, en évaluant l'importation pour 1842 à 95 millons, que nous avons estimée à 100 millons, et la production de sucre indigène à 50 millons que nous avons laissée subsister.

Nous avons presque doublé le chiffre d'importation de sucre étranger, car nous croyons prévoir que le dégrèvement pourrait nous attirer beaucoup de consignations et par la même raison, nous pouvons supposer qu'il entrera environ la moitié de cette denrée d'une ou d'autre qualité dans la consommation, et dans le cas contraire, le bas prix pourrait en permettre l'exportation.

Nous avons rehaussé également le chiffre de l'exportation du sucre raffiné produit de l'importation étrangère par 10 millons de kil., ne doutant pas que les grands dépôts et les prix réduits permettront à nos raffineurs et principalement à ceux de la Méditerranée d'y arriver.

Nous avons encore évalué les exportations du sucre indigène en état de raffinage à 25 millions de sucre brut, chiffre que nous ne croyons nullement exagéré d'après notre proposition d'accorder un drawback aux raffineries adjointes aux usines existantes, sous la modification que nous de venons de développer.

Nous savons très bien que notre proposition trouvera des adversaires dans toutes les parties intéressées, et cela ne peut pas être autrement, car jusqu'à présent nous n'avons rencontré que très peu de systèmes proposés sur cette matière, qui aient obtenu l'assentiment de tous, si ce n'était celui de ruiner les concurrens en les dédommageant par les autres classes de la société qui ne se trouvent nullement engagées dans la question; il est même arrivé qu'au *conseil des manufactures il s'est présenté cette particularité que chacun des neuf membres composant la commission, proposait un système tendant à la modification du régime actuel, modification qu'il jugeait indispensable; et que cependant c'est le statu quo qui a prévalu dans la commission et dans ce conseil.*

Le conseil général de commerce ne s'est pas non plus rangé à l'avis de sa commission qui proposait *le rachat pour cause d'utilité publique et avec indemnité, des fabriques de sucre indigène,* et cette proposition a été écartée par 24 voix contre 23. Ce conseil ne s'est pas contenté d'anéantir son adversaire avec indemnité, il a réclamé dans sa modestie :

1º *Qu'il y eût égalité des droits sur les deux sucres;*

2º *Que cette égalité fût immédiate;*

3º *Qu'elle eût lieu sans indemnité;*

4º *Que les deux sucres fussent imposés, en principal, au droit de 45 fr. par 100 kil.*

Comment alors pourrait-on supposer que les ports de mer ne se trouvent pas blessés d'une proposition qui est, au premier coup d'œil, contre leur intention et contre leurs intérêts, mais qui ne l'est pourtant pas en réalité, comme nous le démontrerons plus tard.

Les fabriques indigènes, se basant encore sur la protection qu'on leur a accordée au moment de la fondation de leurs établissemens, et même plus tard, prétendront que le dégrèvement des droits en faveur des sucres des colonies et étrangers, leur sera aussi nuisible qu'une augmentation de droits sur leurs produits, et que déjà actuellement ils ne peuvent supporter le fardeau dont ils sont accablés, et que dans le cas présumable où le sucre deviendrait meilleur marché, ils ne pourraient plus continuer à fabriquer.

Nous répondrons aux derniers qu'ils savent très bien que leur sort a été presque décidé, et que toute la France avait déjà accepté pour résolution définitive, qu'ils devaient succomber, soit avec, soit sans indemnité ; que la suppression avec indemnité n'aura profité qu'à quelques-uns de ces industriels sans utilité pour la branche même ; que la base de l'indemnité nous paraît impossible, et que l'expression d'*utilité publique* s'y trouve très mal placée.

Nous leur répondrons encore que le nivellement des droits proposés dans un assez grand nombre de conseils généraux leur sera beaucoup plus désastreux que le moyen que nous proposons actuellement ; que nous sommes très loin de le regarder comme infaillible, et que nous avons choisi seulement dans tous les maux celui que nous estimons comme le moindre. Nous faisons valoir auprès d'eux que l'exportation avec un drawback suffisant, leur laisse une porte ouverte pour le débouché, et quand même ils n'atteindraient pas le chiffre de production que nous avons admis et qu'ils n'arriveraient qu'à la moitié, ils ne resteront que stationnaires dans l'état actuel où ils produisent environ 25 ou 26 millions de kilogrammes.

Nous répondrons aux colonies qui se sont adjointes avec leurs réclamations aux ports de mer : Vous avez eu tort de réclamer la destruction d'une industrie aussi utile au pays que la vôtre. Vous n'avez tous deux défendu que votre propre intérêt et vos créances, sans avoir égard au bien-être du pays et au respect qu'on doit à toute propriété acquise. Vous, qui vous êtes représentés par des institutions privilégiées, vous n'avez pu obtenir dans les assemblées générales la grande majorité contre les institutions beaucoup moins représentées. Le gouvernement ne pouvait pas alors admettre que vous exprimiez le vœu de la nation, et il est alors bien naturel qu'il ne sache pas de quel côté se pencher, ni quel moyen il doive employer pour satisfaire toutes les prétentions.

Il reste pour les colonies les moyens de mieux administrer leurs établissemens, de mieux traiter les nègres et de prendre pour exemple les établissemens des Hollandais qui ont changé la classe indigène ruinée et abattue par la paresse en tant de cultivateurs laborieux, aimant le travail et l'ordre, mais vous n'y arriverez jamais avec le malheureux système *que le fouet est l'élément de l'éducation des nègres.* Avec un meilleur régime de ces malheureux, qui se sont tellement accoutumés à leur état qu'ils ne le sentent presque pas, on pouvait éloigner pour quelque temps l'émancipation totale des esclaves qui menace de bouleverser les établissemens des colons ; on réussira par un meilleur traitement des esclaves à travailler mieux et à bon marché, et on pourrait bien sûr arriver à produire à aussi bon compte que les Javanais, qui travaillent avec des hommes libres et qui produisent leur sucre à environ 13 fr. 50 c. les 50 kilog.

Quant à l'intérêt maritime, nous sommes bien sûr qu'il ne souffrirait pas, de quelque manière que ce soit, par l'adoption de notre système ; le mouvement de la navigation avec les colonies augmenterait réellement si on laisse au temps de guérir les plaies frappées en 1840 et si on s'occupe sérieusement d'améliorer leur situation comme on se propose de le faire maintenant ; le dégrèvement sur le droit du sucre leur donnera un nouvel essor.

Le dégrèvement des droits sur le sucre étranger en augmentant beaucoup le mouvement |maritime général, ouvrira de nouvelles ressources pour le débouché de notre industrie manufacturière.

On nous objectera encore l'encombrement des marchés qui, déjà , a paralysé les transactions et a réduit les prix ; mais nous répondrons à cela, qu'il pourrait se trouver dans les entrepôts suffisance de marchandises pour 6 et 9 mois de la consommation, sans que cela ait une influence sur le prix, si la confiance se rétablit et se maintient.

Cette confiance dans un article ne se forme qu'avec la certitude que les droits ne seront pas si prochainement changés, et qu'ils resteront stables ; que la consommation s'approvisionne successivement des dépôts sans trop grande réduction dans les prix, et, dans le cas où l'on voudrait forcer les marchés à une trop grande réduction de prix du sucre étranger, les ports de la Baltique viendraient en aide de l'article souffrant en le tirant de nos ports , comme cela est déjà arrivé à plusieurs reprises. Nous ne savons pas pourquoi nous ne devons pas avoir un marché pour le sucre étranger, en leur livrant des articles de nos industries , sans pourtant avoir recours à la destruction du sucre indigène.

Nous avons encore à combattre la partie la plus difficile, car le trésor se croirait privé d'une part de ses revenus, et ne voudrait pas se prêter à un dégrèvement, prétendant ne pouvoir changer le revenu positif du budget dans une estimation de revenu nullement prouvée, et peut-être même chimérique ; car il est vrai que les habitudes ne se changent pas tout à coup ; mais ce serait cependant tout à coup que le trésor se verrait privé d'une part de l'impôt. Nous répondrons à cet argument que les circonstances et la prudence ont déjà forcé l'administration des finances de renoncer à son idée de profiter du moment actuel d'augmenter son budge par le revenu sur le sucre. Nous avons l'espoir que le temps de *statu quo* permettra de revenir à des idées encore plus libérales, et d'embrasser un nouveau système qui promet d'apporter des fruits à tout le monde.

Si le système que nous venons de proposer, rapportant à l'état, net, 50 millions de francs, est problématique, nous trouvons celui proposé dans l'article 121 du résumé des discussions des conseils généraux, rapportant à l'état 64,570,000 f. également un peu douteux, et il aurait encore l'inconvénient de rembourser aux fabriques indigènes, dans plus ou moins de temps, la somme de 40 millions, sans celui d'avoir adopté un principe qu'on ne pourrait pas justifier dans l'avenir.

Nous laissons à M. le ministre du commerce la tâche de faire valoir notre proposition, si elle mérite son attention. Nous savons bien qu'il a eu la meilleure intention dès l'origine de la discussion, de remédier, par des moyens libéraux conformes à l'esprit de notre époque, ses circulaires aux chambres de commerce et son discours, à l'ouverture de la session des conseils-généraux, le prouvent suffisamment; mais cet homme d'état se trouvait enchaîné par la tournure que prenait la discussion même, et ce département, qui représente l'agriculture, les manufactures et le commerce, alors la majeure partie des citoyens, se trouve placé entre ceux de l'extérieur et des finances, qui ne peuvent pas, par leur situation, toujours adhérer aux idées libérales de notre époque ; il nous paraît pourtant bien nécessaire que la France, avec le progrès de sa civilisation, prouve qu'elle désire également une réforme, et qu'elle ne reste pas, même en matière de finances, en arrière de son siècle.

L'exemple que nous a donné très récemment l'Angleterre par l'entremise de Robert Peel, par sa proposition sur la réduction des droits d'entrée et du changement du mode de l'imposition, a démontré comme ce ministre sait s'accommoder à l'opinion et à l'assentiment public, et nous ne savons pas si nous devons admirer le plus la proposition hardie et large du ministre anglais, qui froisse beaucoup d'intérêts particuliers en réformant totalement le système d'impôts suivi si longtemps, ou le peuple anglais, qui adopte sans beaucoup d'hésitation les mesures qui sont très nuisibles à une grande partie de citoyens, et qui paieront à l'avenir beaucoup plus d'impôts qu'ils n'en ont payés jusqu'à présent.

Cet exemple doit apprendre à nos hommes de finances à se conformer au désir de la nation et à trouver des moyens d'impôts qui soient plus faciles à recouvrer que ceux qu'ils emploient quelquefois. Le moyen de vouloir s'emparer de la question des sucres pour rehausser le budget d'une vingtaine de millions par l'importation du sucre étranger en détruisant la fabrication du sucre indigène, nous a paru la plus désastreuse de tous, et le ministère a bien fait de renoncer à un système pareil ou semblable qui aurait eu le même résultat, et de maintenir plutôt le statu-quo, système que nous n'adoptons que comme moyen d'éviter un mal encore plus grand.

Les ports de mer et les autres parties intéressées dans la

question, se plaignent amèrement de l'incertitude dans laquelle ils restent provisoirement, et les premiers prétendent
qu'on les a induits en erreur par des promesses et des espérances qu'on leur a données, qu'ils ont communiquées à leurs
concitoyens, qu'ils ont prises pour bases des spéculations à
la hausse de cette denrée tombée au-dessous de sa valeur.

Nous ne pouvons pas croire que le ministère ait pu donner
des promesses *positives* sur la destruction du sucre indigène,
parce que l'accomplissement d'une promesse pareille ne dé-
pendait pas seul de sa volonté; mais de la décision du corps législatif auquel il doit le soumettre. Le ministre a seul pu pro-
mettre *officieusement* qu'il présenterait la question d'une loi
définitive dans la session actuelle des chambres, et cette promesse était subordonnée à une espérance d'obtenir un résultat
par la majorité et que les enquêtes de l'assemblée des conseils-
généraux auront eu plus de succès qu'ils n'en ont réellement
obtenu. Le ministère ne pouvait pas prévoir que les délégués
des parties intéressées ne pouvaient nullement s'accorder
et que la solution de la question devenait plus difficile que
jamais. Tout homme éclairé sait qu'une promesse d'un
homme politique se trouve subordonnée à beaucoup plus de
modification dans son accomplissement que la promesse d'un
homme privé, et ni la France, ni l'Angleterre n'a pensé d'a-
dresser à M. Guizot des reproches sérieux pour le non-ac-
complissement de la ratification du traité signé entre les
cinq puissances pour l'émancipation des esclaves.

Si les ports de mer ont cru pouvoir se livrer à une spéculation basée sur ces espérances vagues, données à la
suite de leurs réclamations, ils ont attribué plus de succès à
leur influence qu'un ministre qui veut réellement le bien du

pays, pourra accorder, une préférence en faveur d'une partie de citoyens au détriment des autres, et nous ne pouvons qu'approuver le gouvernement qui désire regarder de bien près, et qui s'expose plutôt à un reproche de non-activité que de vouloir proposer un remède qui soit peut-être pire que le mal même [1]. Nous citons ici comme thèse les paroles du plus grand économiste anglais, David Hume, qui s'exprimait ainsi : « *Les notions les plus simples d'ordre et d'équité suffisent pour guider le législateur dans une grande partie de ses devoirs. Mais il faut quelque chose de plus quand il s'agit du commerce ; car les lois qui régissent ces mouvemens, sont de nature compliquée et demandent une longue expérience pour être bien comprises ; souvent les conséquences vraies qu'on tire d'un examen approfondi, sont diamétralement opposées à celles qui nous sont fournies par un examen superficiel.*

---

[1] Les spéculations fondées sur des espérances pareilles qu'on a cru obtenir par des influences personnelles sont à comparer à celles qu'on fonde sur les avis plus ou moins sincères des employés des administrations, pour spéculer sur les fonds public.

On a pu croire que le gouvernement faisait valoir suffisamment les raisons qui lui étaient soumises par les délégués des ports de mer et des colonies ; mais on n'a pu prévoir qu'on n'agirait pas avec légèreté, qu'on ne soumettrait pas la question à un mûr examen, et qu'on ne pourrait que donner des promesses conditionnelles.

Les spéculations, basées sur ces espérances, étaient bien légitimes et très loin d'être sans fondement, mais elles sont exposées, comme toutes les choses de ce monde imparfait, à ne pas se réaliser, selon ses espérances.